V. 1049.
3.

Principes du Nivellement

pour

la Figure compofée de la Terre,

ayant égard à toutes les différences de la Réfraction;

avec l'application à l'Ellipfoïde ofculateur de la France,

et avec des tables entièrément nouvelles.

Par

R o h d e,

Capitaine au Service de Sa Majefté le Roi de Pruffe.

à Halle,
chez Renger.
1803.

À l'Inſtitut national de France.

Citoyens, Membres de l'Inſtitut national,

N'ayant trouvé dans Vos ouvrages immortels aucune trace de cet égoïsme qui répandant en général des biens très - précieux, traite avec indifférence le ſentiment de reconnaiſſance des Etrangers qui en jouiſſent; je me livre ſans réſerve à ce ſentiment le plus doux, et ſans chercher des termes expreſſifs dans une langue qui ne m'eſt pas familière, je dis ſimplement ce que je ſens dans ce moment,

ſine me ibis in Urbem!

Daignez, Citoyens, recevoir avec indulgence ce mémoire dicté par le reſpect le plus pur. Les tables entièrement nouvelles ne ſont relatives à la meſure ancienne qu'en conſidération de leur comparaiſon immédiate avec toutes les autres du même genre.

Si, parmi les manières innombrables dont les Etrangers rendent leurs hommages au Premier Conful, celle- ci ne peut déplaire à Lui qui dans le Sanctuaire de Vos Affemblées eft véritablement

et praefidium et dulce decus;

jugez, Citoyens, de ma félicité!

à Potsdam ce Ier Janvier 1803.

Rohde.

---

§. I.

On fçait que les Traités de Nivellement fuppofent communément la furface de la terre fphérique, et qu'à caufe de la réfraction, ils diminuent à chaque ftation, la correction dûe à la courbure de la furface, de fa feptième partie. Mais toutes les obfervations prouvant inconteftablement que la figure de la terre eft très-compofée, et cette partie de la géodéfie étant évidemment la plus utile à l'induftrie intérieure croiffante des nations heureufes, par conféquent la plus intéreffante pour leurs gouvernemens: il eft clair, que l'honneur de la fcience et la pleine confiance que les gouvernemens doivent avoir en elle à l'occafion de grandes entreprifes projettées, exigent abfolument des recherches beaucoup plus exactes fur ce fujet, qu'on né les a faites jusqu'ici.

Quel que foit le Syftème général du concours de toutes les verticales à la furface de la terre, le nivellement le plus parfait ne fera un fondement que fur le Syftème particulier à chaque pays. Ou bien, quel que foit l'Ellipfoïde réfultant des Ellipfoïdes ofculateurs de tous les lieux fur la terre; la correction du nivellement dûe à la courbure de la furface, ne dépendra que de l'Ellipfoïde ofculateur du pays. Suppofons que d'un coté les phénomènes de la pefauteur, de la préceffion et de la nutation exigent pour la terre l'ellipticité égale à $\frac{1}{334}$; et que de l'autre coté, tous les foins des deux excellens obfervateurs, Delambre et Mechain, donnent à la furface ofculatrice de la France l'ellipticité égale à $\frac{1}{138}$: ce fera néceffairement la dernière que le nivellement exact adoptera en France.

Quant à la correction dûe à la réfraction, on verra par les tables de ce mémoire, que la négligence générale à cet égard eft encore beaucoup plus nuifible à l'exactitude du nivellement, que l'inadvertance relativement à la furface ofculatrice.

6

Pour qu'une furface devienne ofculatrice d'une furface propofée quelconque, il faut que l'équation générale de la première renferme *fix* conftantes arbitraires, dont les trois premières font les coordonnées de fon centre ou d'un autre point donné, et les trois autres expriment la nature de la même furface ofculatrice. La démonftration la plus claire et la plus rigoureufe de ce théorème eft dûe à la Théorie des fonctions analytiques (page 179).

Or l'équation de la furface d'un Ellipfoïde à trois axes eft

$$\frac{a^2}{b^2}(x-A)^2 + \frac{a^2}{c^2}(y-B)^2 + (z-C)^2 = a^2,$$

dans laquelle a, b, c font ces trois demi-axes; A, B, C les trois coordonnées du centre: et quand-même on ferait coincider ce centre avec celui de la terre, et l'axe b avec celui de la terre, par conféquent evanouir les quantités A, B, C; néanmoins l'équation

$$z^2 = a^2 - \frac{a^2}{b^2}x^2 - \frac{a^2}{c^2}y^2$$

renfermant les trois conftantes a, b, c, fatisferait encore à l'ofculation, parceque la figure de la terre n'eft pas fi extravagamment compofée, que l'on n'ofât faire en aucun lieu A, B, C nulles.

§. II.

Maintenant foient dans la figure ci-jointe, A le centre, AB l'axe de la terre, M' un certain point à fa furface, M un autre point dans la furface de niveau paffant par M'; les trois coordonnées rectangles $AP' = x'$, $P'Q' = y'$, $Q'M' = z'$; de même $AP = x$, $PQ = y$, $QM = z$; de forte que x' et x foient parallèles à l'axe b, y' et y parallèles à l'axe c, z' et z parallèles à l'axe a; de plus, foit $M'N$ la normale (verticale), $mM'R$ un plan tangent (horizontal) au point M', mR l'interfection de ce plan et de celui des x, y; mM' la méridienne du lieu M', mN l'interfection du plan méridien paffant par M' et du plan des x, y, laquelle eft evidemment parallèle à l'axe b; enfin foit α l'azimuth du plan vertical $M'NM$: il eft clair qu'il ne s'agit que de trouver l'équation rigoureufe entre l'abfciffe horizontale u comptée depuis M' et ayant l'azimuth α, et l'ordonnée perpendiculaire v tendante au point M.

1) Pour y parvenir, foit Aw perpendiculaire à la normale $M'N$, la partie $M'w = n$; p l'abfciffe dans la méridienne $M'm$, comptée depuis le point initial M'; q l'ordonnée dans le plan horizontal du lieu M', de forte que $u = \sqrt{(p^2 + q^2)}$; et v la dite perpendiculaire abaiffée au point M. Nommons η l'angle que le plan des p, q, fait avec le plan des x, y, c'eft-à-dire $M'RQ' = \eta$; ζ l'angle que l'interfection de ces deux plans fait avec l'axe des x, par conféquent $\zeta = ABR = NmR$; et ϑ l'angle que la-même ligne d'interfection fait avec la ligne des p, fçavoir $M'mR = \vartheta$; faifant enfuite pour plus de fimplicité,

$$2)\quad \begin{aligned}
F &= \cos\zeta\cos\vartheta - \sin\zeta\sin\vartheta\cos\eta,\\
G &= \cos\zeta\sin\vartheta + \sin\zeta\cos\vartheta\cos\eta,\\
H &= \sin\zeta\sin\eta,\\
F' &= \sin\zeta\cos\vartheta + \cos\zeta\sin\vartheta\cos\eta,\\
G' &= \sin\zeta\sin\vartheta - \cos\zeta\cos\vartheta\cos\eta,\\
H' &= \cos\zeta\sin\eta,\\
F'' &= \sin\eta\sin\vartheta,\\
G'' &= \sin\eta\cos\vartheta,\\
H'' &= \cos\eta,
\end{aligned}$$

on aura, fuivant la transformation connue des coordonnées rectangles (voyez la Mécanique analytique de Lagrange, page 367 - 369; et *Euleri* Introductio, Tom. II. Append. §. 92., en y faifant $r = n - v$),

$$3)\quad \begin{aligned}
x &= Fp + Gq - H(n-v) + f,\\
y &= -F'p - G'q - H'(n-v) + g,\\
z &= -F''p + G''q + H''(n-v) + h,
\end{aligned}$$

où f, g, h font trois conftantes.

4) Puisque α eft l'azimuth, et que $\sqrt{(p^2 + q^2)} = u$, on a $p = u\cos\alpha$, $q = u\sin\alpha$. Donc fi l'on fait

$$\begin{aligned}
I &= F\cos\alpha + G\sin\alpha,\\
I' &= F'\cos\alpha + G'\sin\alpha,\\
I'' &= F''\cos\alpha - G''\sin\alpha,\\
K &= f - Hn,\\
K' &= g - H'n,\\
K'' &= h + H''n;\quad \text{on aura dans No. 3,}
\end{aligned}$$

$$5)\quad \begin{aligned}
x &= Iu + Hv + K,\\
y &= -I'u + H'v + K',\\
z &= -I''u - H''v + K''.
\end{aligned}$$

Subftituant ces valeurs dans l'équation du §. I,

$$z^2 = a^2 - \frac{a^2}{b^2}x^2 - \frac{a^2}{c^2})^2,$$

et faifant pour plus de fimplicité,

$$E = H''^2 + \frac{a^2}{b^2}H^2 + \frac{a^2}{c^2}H'^2,$$

$$A = \frac{H''\dfrac{K''}{a} - \dfrac{a^2}{b^2}H\dfrac{K}{a} - \dfrac{a^2}{c^2}H'\dfrac{K'}{a}}{E},$$

$$B = \frac{I''H'' + \dfrac{a^2}{b^2}IH - \dfrac{a^2}{c^2}I'H'}{E},$$

$$C = \frac{-I''\dfrac{K''}{a} + \dfrac{a^2}{b^2}I\dfrac{K}{a} - \dfrac{a^2}{c^2}I'\dfrac{K'}{a}}{E},$$

$$D = \frac{I''^2 + \dfrac{a^2}{b^2}I^2 + \dfrac{a^2}{c^2}I'^2}{E};$$

on aura enfin l'équation défirée,

6) $\quad \dfrac{v^2}{u^2} = \dfrac{2v}{a}\left(A - B\dfrac{u}{a}\right) - 2C\dfrac{u}{a} - D\dfrac{u^2}{a^2},$

avec cette équation de condition

7) $\quad o = a^2 - K''^2 - \dfrac{a^2}{b^2}K^2 - \dfrac{a^2}{c^2}K'^2,$

parceque v et u évanouiffant enfemble, tout doit néceffairement évanouir. D'où il eft clair, que les trois conftantes K, K', K'' ne font autre chofe que les trois coordonnées x', y', z' du point initial M'.

8) On a donc par No. 6,

$$v = aA - Bu - \sqrt{[(aA - Bu)^2 - 2aCu - Du^2]},$$

folution complète et rigoureufe.

§. III.

Pour évaluer les quantités A, B, C, D, il faut connaître les valeurs de $\cos\eta$, $\sin\eta$, $\cos\zeta$, $\sin\zeta$, $\cos\vartheta$, $\sin\vartheta$. Pour cela on fe fouviendra (*Euleri* Introductio, Tom. II. Append. §. 149.) de ce qu'en faifant

$$\left(\frac{dz'}{dx'}\right) = P, \ et \ \left(\frac{dz'}{dy'}\right) = Q, \ \text{on a}$$

1) $\tan g\eta = \sqrt{(P^2 + Q^2)}, \quad \cos\eta = \dfrac{1}{\sqrt{(1 + P^2 + Q^2)}}, \quad \sin\eta = \sqrt{\dfrac{P^2 + Q^2}{1 + P^2 + Q^2}},$

$\tan g\zeta = \dfrac{P}{Q}, \quad \cos\zeta = \dfrac{Q}{\sqrt{(P^2 + Q^2)}}, \quad \sin\zeta = \dfrac{P}{\sqrt{(P^2 + Q^2)}},$

$\tan g\vartheta = \dfrac{P:Q}{\sqrt{(1 + P^2 + Q^2)}}, \quad \cos\vartheta = \dfrac{Q\sqrt{(1 + P^2 + Q^2)}}{\sqrt{(1 + Q^2)}\sqrt{(P^2 + Q^2)}}, \quad \sin\vartheta = \dfrac{P}{(1 + Q^2)\sqrt{(P^2 + Q^2)}},$

et les lignes (voyez la planche)

$$Q'R = \frac{z'}{\sqrt{(P^2 + Q^2)}}, \quad Q'N = z'\sqrt{(P^2 + Q^2)},$$

$$Q'C = z'P, \quad CN = z'Q.$$

Mais on a $\left(\dfrac{dz'}{dx'}\right) = -\dfrac{a^2}{b^2}\dfrac{x'}{z'}$, $\left(\dfrac{dz'}{dy'}\right) = -\dfrac{a^2}{c^2}\dfrac{y'}{z'}$,

donc les lignes $AD = -\dfrac{a^2-b^2}{b^2}\,x'$, $\quad DN = -\dfrac{a^2-c^2}{c^2}\,y'$,

$$AN = \sqrt{\left[\left(\dfrac{a^2-b^2}{b^2}\right)^2 x'^2 + \left(\dfrac{a^2-c^2}{c^2}\right)^2 y'^2\right]}.$$

2) En paſſant je remarque en deux mots ce théorème très-intéreſſant, qui me paraît nouveau et qui a lieu pour toutes les Ellipſes,

$AM'^2 + M'N^2 - AN^2$ égale à la conſtante $2a^2$.

3) Je nommerai *méridien primaire* celui qui paſſe par l'axe a, d'où je compterai les longitudes ω vers l'Eſt. La Latitude obſervée Φ du lieu M' eſt évidemment égale à $90^\circ - M'Nm = M'mN = hM'N$, $M'h$ étant perpendiculaire à l'interſection mN. Or $\operatorname{tang} hM'N = \dfrac{hN}{hM'} = \dfrac{Q'C}{\sqrt{(Q'M'^2 + Q'h^2)}} = \dfrac{Q'C}{\sqrt{(Q'M'^2 + CN^2)}}$, donc (No. 1) $\operatorname{tang}\Phi = \dfrac{P}{\sqrt{(1+Q^2)}}$.

4) D'un autre coté, faiſant $M'AP' = 90^\circ - \Phi'$ et $M'P'Q' = 90^\circ - \omega$, on a $x' = AM'.\sin\Phi'$, $y' = AM'.\cos\Phi'\sin\omega$, $z' = AM'.\cos\Phi'\cos\omega$, donc

$$-\frac{a^2}{b^2}\frac{x'}{z'} = P = -\frac{a^2}{b^2}\operatorname{tang}\Phi'\sec\omega,\ \text{et}$$

$$-\frac{a^2}{c^2}\frac{y'}{z'} = Q = -\frac{a^2}{c^2}\operatorname{tang}\omega. \quad \text{Cette valeur de } Q \text{ donne dans le No. 3}$$

$$P = \frac{\operatorname{tang}\Phi}{\cos\omega}\sqrt{\left(1 + \frac{a^4-c^4}{c^4}\sin\omega\right)}. \quad \text{Subſtituant dans le No. 1 cette valeur de } P,$$

celle de $Q = -\dfrac{a^2}{c^2}\operatorname{tang}\omega$, et faiſant $\dfrac{a^4-c^4}{c^4} = k$, on a

5) $\cos\eta = \dfrac{\cos\Phi\cos\omega}{\sqrt{(1 + k\sin\omega^2)}}$, $\quad \sin\eta = \sqrt{\dfrac{1 - \cos\Phi^2\cos\omega^2 + k\sin\omega^2}{1 + k\sin\omega^2}}$,

$$\sin\zeta = \sin\Phi\sqrt{\frac{1 + k\sin\omega^2}{1 - \cos\Phi^2\cos\omega^2 + k\sin\omega^2}} = \frac{\sin\Phi}{\sin\eta},$$

$$\cos\zeta = \frac{-\dfrac{a^2}{c^2}\sin\omega\cos\Phi}{\sqrt{(1 - \cos\Phi^2\cos\omega^2 + k\sin\omega^2)}} = -\frac{a^2\operatorname{tang}\omega}{c^2\operatorname{tang}\eta},$$

$$\sin\vartheta = \frac{\sin\Phi\cos\omega}{\sqrt{(1 - \cos\Phi^2\cos\omega^2 + k\sin\omega^2)}} = \frac{\operatorname{tang}\Phi}{\operatorname{tang}\eta},$$

$$\cos\vartheta = \frac{-\dfrac{a^2}{c^2}\sin\omega}{\sqrt{(1 - \cos\Phi^2\cos\omega^2 + k\sin\omega^2)}} = -\frac{a^2}{c^2}\frac{\operatorname{tang}\omega}{\cos\Phi}\cot\eta.$$

Ces valeurs donnent exactement dans le No. 2 du §. II,

6) $F = - \cos\varphi,$

$$G = - 2 \frac{a^2}{c^2} \times \frac{\sin\varphi\cos\varphi\sin\omega\cos\omega}{1 - \cos\varphi^2\cos\omega^2 + k\sin\omega^2},$$

$$H = \sin\varphi,$$

$$F' = - \frac{a^2}{c^2} \times \frac{\sin\varphi\sin\omega}{\sqrt{(1 + k\sin\omega^2)}} \times \frac{1 + \cos\varphi^2\cos\omega^2 + k\sin\omega^2}{1 - \cos\varphi^2\cos\omega^2 + k\sin\omega^2},$$

$$G' = \cos\omega \times \frac{\sin\varphi^2 - \frac{a^4}{c^4}\sin\omega^2\cos\varphi^2 + k\sin\omega^2\sin\varphi^2}{(1 - \cos\varphi^2\cos\omega^2 + k\sin\omega^2)\sqrt{(1 + k\sin\omega^2)}},$$

$$H' = - \frac{a^2}{c^2} \times \frac{\cos\varphi\sin\omega}{\sqrt{(1 + k\sin\omega^2)}},$$

$$F'' = \frac{\sin\varphi\cos\omega}{\sqrt{(1 + k\sin\omega^2)}},$$

$$G'' = - \frac{a^2}{c^2} \times \frac{\sin\omega}{\sqrt{(1 + k\sin\omega^2)}},$$

$$H'' = \frac{\cos\varphi\cos\omega}{\sqrt{(1 + k\sin\omega^2)}}.$$

7) Par-là on connait aussi parfaitement les valeurs de I, I', I'' (§. II, No. 4), et quant à celles de K, K', K'', on sçait déja par le No. 7 du §. II, que $K = x'$, $K' = y'$, $K'' = z'$. Mais le No. 4 donne exactement

$$\frac{x'}{a} = - \frac{b^2}{a^2} \frac{\sin\varphi}{\delta} \sqrt{(1 + k\sin\omega^2)},$$

$$\frac{y'}{a} = \frac{\cos\varphi\sin\omega}{\delta},$$

$$\frac{z'}{a} = \frac{\cos\varphi\cos\omega}{\delta}, \text{ et}$$

$$\frac{AM'}{a} = \frac{r'}{a} = \frac{1}{\delta}\sqrt{\left(1 - \mu\sin\varphi^2 + k\frac{b^4}{a^4}\sin\omega^2\sin\varphi^2\right)}. \quad \text{On a fait}$$

$$\delta = \sqrt{\left[1 - \frac{a^2 - b^2}{a^2}\sin\varphi^2 + \frac{a^2 - c^2}{c^2}\left(\cos\varphi^2 + \frac{a^2 + c^2}{c^2}\cdot\frac{b^2}{a^2}\sin\varphi^2\right)\sin\omega^2\right]},$$

$$\mu = \frac{a^4 - b^4}{a^4} \text{ et } k = \frac{a^4 - c^4}{c^4}.$$

Ainsi toutes les quantités relatives à l'équation fondamentale dans le No. 8 du §. II font entièrement déterminées.

§. IV.

Pour le rayon de courbure R, dépendant de l'azimuth α, on a au point initial M', (§. II. No. 6)

$$\frac{R}{a} = \frac{(A^2 + C^2)^{\frac{3}{2}}}{A^2 D + 2ABC + C^2}.$$

§. V.

Pour l'Ellipſoïde ofculateur à *deux* axes, on a $c = a$, donc $k = o$; et puiſque le méridien primaire s'y trouve partout, on a évidemment $\omega = o$, donc l'ordónnée $\frac{K'}{a} = \frac{y'}{a} = o$; par conféquent dans le No. 5. du §. II;

1) $E = 1 + \dfrac{a^2 - b^2}{b^2} \sin\phi^2,$

$$A = \frac{1}{E \sqrt{\left(1 - \dfrac{a^2 - b^2}{a^2} \sin\phi^2\right)}},$$

$$B = - \frac{a^2 - b^2}{b^2} \times \frac{\sin\phi \cos\phi \cos\alpha}{E},$$

$$C = o,$$

$$D = \frac{1 + \dfrac{a^2 - b^2}{b^2} \cos\phi^2 \cos\alpha^2}{E}; \text{ donc } (\text{§. II. \textbf{No.} 8})$$

2) $v = aA - Bu - \sqrt{[(aA - Bu)^2 - Du^2]},$

d'où l'on tire pour le premier membre de la ſérie,

3) $v = \dfrac{uu}{2a} \times \dfrac{D}{A - B.\dfrac{u}{a}}$

$$= \frac{uu}{2a} \times \frac{\left(1 + \dfrac{a^2 - b^2}{b^2} \cos\phi^2 \cos\alpha^2\right) \sqrt{\left(1 - \dfrac{a^2 - b^2}{a^2} \sin\phi^2\right)}}{1 + \frac{1}{2} \dfrac{a^2 - b^2}{b^2} \cdot \dfrac{u}{a} \cdot \sin 2\phi \cos\alpha \sqrt{\left(1 - \dfrac{a^2 - b^2}{a^2} \sin\phi^2\right)}}, \text{ ou bien}$$

$$v = \frac{uu}{2a} \times \frac{D}{A}.$$

4) Pour cet Ellipſoïde à deux axes, le rayon de courbure dans §. IV devient exactement

$$R = a\frac{A}{D} = \cfrac{a}{\left(1 + \cfrac{a^2 - b^2}{b^2}\cos\varphi^2\cos\alpha^2\right)\sqrt{\left(1 - \cfrac{a^2 - b^2}{a^2}\sin\varphi^2\right)}}$$

$$= \frac{a}{b} \times \cfrac{a}{\left(1 + \cfrac{a^2 - b^2}{b^2}\cos\varphi^2\cos\alpha^2\right)\sqrt{\left(1 + \cfrac{a^2 - b^2}{b^2}\cos\varphi^2\right)}},$$

ce qui donne dans le No. 3

5) $v = \dfrac{uu}{2R}.$

Soit dans la figure ci-jointe, l'angle $M'wM = w$; il eſt vrai que le nivellement cherche la quantité

$$v \times \sec w = \frac{v}{\cos w} = \frac{v}{1 - 2\sin\frac{1}{2}w^2} = v \times (1 + 2\sin\tfrac{1}{2}w^2);$$

mais il eſt clair que pour la pratique la plus exacte, de même que pour la théorie la plus rigoureuſe, cette quantité n'eſt que v.

6) Je m'abſtiens, quant à préſent, du développement ultérieur des quantités A, B, C, D, pour l'Ellipſoïde oſculateur à *trois* axes, comme je viens de le faire rigoureuſement (No. 1.) pour celui à *deux* axes; parceque je me ſuis propoſé d'appliquer immédiatement les réſultats de ce mémoire à l'Ellipſoïde de la France, et que celle-ci n'ayant encore publié la meſure d'une perpendiculaire à la méridienne, on ne peut en conclure ni la valeur de l'Ellipticité $\dfrac{a-c}{c}$, ni l'angle w, c'eſt-à-dire la longitude de l'arc paſſant par Dunkerque et Montjoui, comptée depuis le méridien primaire paſſant par l'axe a.

§. VI.

1) Quant à la correction principale du nivellement, dûe à la Réfraction, quoique presque tous les auteurs citent à cet égard les ouvrages de Lambert, j'avoue que ceux-là me paraiſſent peu dignes de ſes autres. Son mémoire, parmi ceux de l'Académie Royale à Berlin pour l'année 1772 (page 103), ce mémoire dis-je, écrit treize ans après ſa *route de la lumière*, prouve bien que celle-ci ne ceſſait point de lui peſer ſur le coeur. Cependant on n'a qu'à lire les ſix dernières lignes de ce mémoire (page 140):

> „En omettant le ſecond membre à cauſe de ſa petiteſſe, la formule $z = 2\zeta$
> „$= \frac{1}{7}x\tan\gamma$, fait voir, que la réfraction terreſtre ζ eſt la $\frac{1}{14}$ième partie
> „de l'angle au centre de la terre, ce qui, comme je l'ai fait voir dans les
> „*routes de la lumière*, répond très-bien aux obſervations.“

Il n'y manque que le *quod erat demonſtrandum!* Si l'on y fait, (comme dans les routes de la lumière §. 103, 104....) je ne dis pas $y = 90°$, mais feulement $\gamma = 89^\circ 15' 19''$, on a $\frac{1}{23100} x\tan g\gamma^3 = \frac{\tan g\gamma^2}{23100} x\tan\gamma = \frac{(76,9)^2}{23100} x\tan g\gamma = \frac{5800}{23100} x\tan g\gamma = \frac{1}{4} x\tan g\gamma$; donc $z = 2\zeta = (\frac{1}{7} + \frac{1}{4}) x\tan g\gamma = \frac{1}{2,5} x\tan g\gamma$, au lieu de $\frac{1}{7} x\tan g\gamma$; donc $\zeta = \frac{11}{56} x\tan g\gamma = \frac{1}{5} x\tan g\gamma$, au lieu de $\frac{1}{14} x\tan g\gamma$. Senfible à la mémoire des mérites diftingués, je me ferme la bouche à l'égard de l'angle $\gamma = 90^\circ$, qui nous démontre ce qu'étant vis-à-vis des Dames, nous les voyions indifpenfablement toujours *au zénith*.

2) Comme le nivellement n'admet que des diftances très-petites relativement au rayon de la terre, la fuppofition eft ici permife, que la route de la lumière refte dans le-même plan vertical dont l'azimuth eft *α*, et que le rayon de courbure R trouvé ci-deffus, appartient auffi à cette-même fection verticale de la couche de niveau de l'air. D'ailleurs la fuppofition contraire à celle-ci devrait être l'objet d'un autre mémoire à part.

Maintenant foit Π la denfité de l'air au point M', D la denfité à la hauteur z, fuppofant z moindre que le v ci-deffus; enfuite foit $(1 + n) : 1$ la raifon du finus d'incidence à celui de réfraction pour les rayons qui entrent du vuide dans l'air de la denfité Π; on aura l'équation différentielle

3)
$$du = \frac{(1 + n)^{1 - \frac{D}{\Pi}} \cdot dz}{\left(1 + \frac{z}{R}\right) \sqrt{\left[\left(1 + \frac{z}{R}\right)^2 - (1 + n)^2 \left(1 - \frac{D}{\Pi}\right)\right]}},$$

à laquelle on parvient le plus facilement par la voye d'Euler la plus luminenfe et la plus conforme aux loix immuables de la Dioptrique, (Mém. de l'Acad. de Berlin 1754, page 135, ligne 4me), la-même que celle de Lagrange, dans les-mêmes Mémoires 1772, page 273.

4) N'ayant aucun befoin du refte de ce mémoire d'Euler, je le laiffe à part, quoique je fuis un peu éloigné d'en penfer ainfi que le Citoyen Kramp dans fon excellente Analyfe des Réfractions aftronomiques (Chap. V, No. 12):

„Une confidération bien autrement rigoureufe nous fait voir, que le rayon „ofculateur aux différens points de la trajectoire, devant être réciproque- „ment proportionel à la denfité de l'air; et devant conféquemment augmen- „ter dans le rapport de *un* à *dix mille*, dans un efpace qui ne vaut pas „encore la *millième* partie du rayon de la terre; un décroiffement auffi „rapide dans la courbure, doit feul fuffire pour exclure toutes les courbes „du genre hyperbolique, comprifes fous l'équation $t = cy^{m-1}$.„

Voyons un peu, fi l'auteur de *l'Introduction* peut fi facilement être attrapé à fon chapitre des *Afymptotes*. Pour le rayon de courbure (ϱ) de la trajectoire, on a, fuivant la-même Analyfe des Réfractions (page 176, ligne 1re), en y faifant $y = a + x$,

$$\frac{\rho}{a} = \frac{c \cdot e^{\frac{1}{c}\left(1 - \frac{a}{y}\right)}}{\omega \sin A} \times \frac{y^2}{a^3} = \frac{c \cdot e^{\frac{1}{c} \cdot \frac{x:a}{1 + x:a}}}{\omega \sin A} \times \left(1 + \frac{x}{a}\right)^2;$$

et faifant pour plus de fimplicité, $\beta = c \cdot \mathrm{loghyp}\left(\frac{\omega \sin A}{c} \cdot \frac{\rho}{a}\right)$, la réverfion connue donne évidemment

$$\frac{x}{a} = \beta + \left(1 - \tfrac{3}{2}c\right)\beta^2 + \left(1 - 4c\right)\beta^3 + \cdots;$$

par conféquent dans l'exemple préfent, $\frac{x}{a} = 0{,}01142$; plusqu'onze fois la *millième* partie ci-deffus. Or $\frac{1}{80} = 0{,}0125$; donc cette-même partie fe trouvant déja près de l'extrêmité de toute la hauteur de l'atmofphère, y mettra probablement l'afymptote d'Euler à l'abri de toutes les perfécutions d'ici-bas.

Dans la-même 'Analyfe des Réfractions (page 162, No. 10.) on cite un paffage de ce mémoire d'Euler:

„Reftait à intégrer cette différentielle. Ici tout l'art de ce grand géometre „fe trouve en défaut. Voilà comment il s'exprime: „Mais de quelque maniè-„„re qu'on traite cette équation, on n'en tirera jamais une expreffion qui „„marque la quantité de la réfraction pour toutes les hauteurs, quoiqu'il „„foit fort aifé', cet."

Euler dit: „on n'en tirera jamais une expreffion *finie* qui marque cet." Ce ne font que deux fyllabes oubliées dans cette allégation; mais connait-on jusqu'à cette heure ce qui ferait capable de donner la plus faible atteinte à ces deux fyllabes? Euler connaiffait les Aftronomes, hommes entêtés, qui à force de voir fans ceffe, parviennent enfin à ne voir que ce qui eft clair, et à n'aimer que ce qui eft fimple et facile dans la pratique; fachant donc qu'ils préféreront toujours la formule de leur frère Bradley à la férie la mieux démontrée; et fans doute, un peu piqué par la prédilection générale pour cet illuftre confrère, il conçut le projet de débusquer par l'afymptote l'un et l'autre. Ce qu'il n'a pas fait, pourrait très-bien finir ou Lagrange ou Laplace, s'ils le croyaient convenable de choifir la voye d'Euler.

5) Maintenant foit l'équation de la denfité de l'air, $\frac{D}{\Pi} = e^{-\frac{z}{\theta}}$, de forte que θ ne dépende que de la température; l'équation différentielle du No. 3 réduite en férie fera

$$\frac{du}{R} = \frac{\frac{dz}{R}}{\sqrt{\left[2\left(1 - \frac{nR}{\theta}\right)\frac{z}{R}\right]}} - \cdots$$

dont l'intégrale donne, après l avoir quarée,

$$z = \left(1 - \frac{nR}{\theta}\right)\frac{uu}{2R};$$

d'où l'on voit que la correction du nivellement, dûe à la réfraction, eſt

6) $\qquad c = \frac{uu}{2R} \times \frac{nR}{\theta} = \frac{n \cdot u^2}{2\theta},$

et que la quantité $\dfrac{nR}{\quad}$ qui remplace ici la-même *quäntième* de v que l'on ſup-
poſe toujours avec Lambert égale à $\frac{1}{7}$, dépend de la hauteur du pol et de l'azimuth, à cauſé de R (§. V. No. 4, 5); mais beaucoup plus feuſiblement de la
hauteur du baromètre et de la température, comme on verra bientôt par la
valeur de n.

7) Suppoſant qu'ici θ ait lieu pour t dégrés du thermomètre de Réaumur, et que
pour n, ſoit en même temps la hauteur du baromètre égale à b pouces; l'excellente Expoſition du Syſtème du Monde (Livre Iᵉʳ, Chap. 14) donne pour
les logarithmes de Briggs,
$$\theta = 55326 \times \left(1 + \tfrac{t}{200}\right) \text{ pieds.}$$

8) Quand $t = 0$, et $b = 28$ pouces, ſoit alors D' la valeur de Π, et n' celle de n;
il eſt facile de voir que l'on a
$$n = n' \times \frac{\Pi}{D'} = n' \times \frac{b^{\text{pouces}}}{28 \cdot \left(1 + \tfrac{t}{200}\right)\left(1 + \tfrac{t}{4330}\right)}.$$

9) Pour déterminer la valeur de n', j'employerai la méthode la plus fûre de
Lagrange, auſſi exactement qu'il m'eſt poſſible, (Mém. de l'Acad. de Berlin,
1772, page 271). À la hauteur du baromètre de $29\frac{5}{8}$ pouces anglais, égale
à $29,625 \times \frac{1351154}{1440000}$ pouces de Paris, et au $60^{\text{ième}}$ dégré d'un certain thermomètre d'eſprit de vin, Hawksbee trouva la raiſon du ſinus d'incidence à celui
de réfraction, pour les rayons qui entrent du vuide dans l'air, $= 1,000264 : 1$.
On a donc pour le No. 8,
$$b = 29,625 \times \tfrac{1351154}{1440000}; \quad n = 0,000264,$$
et ſi l'on peut trouver la valeur de t qui répond aux 60 dégrés de Hawksbee,
on aura ſur le champ celle de n'. Or ce $60^{\text{ième}}$ dégré répond au $47^{\text{ième}}$ du
thermomètre de la Société Royale; ſuivant la Pyromètrie de Lambert (page 61),
ce $47^{\text{ième}}$ dégré eſt $78\frac{1}{2} - 47 = 31\frac{1}{2}$ dégrés au deſſus du point de congélation
du même thermomètre, et 44 dégrés de celui-ci donnent 14,9 dégrés du ther-
momètre (de Réaumur) d'eſprit de vin, diviſé en 80 parties égales; donc les
$31\frac{1}{2}$ dégrés ci-deſſus font 10,67 dégrés de ce dernier thermomètre. La première et la troiſième colonne de la table dans le $124^{\text{ième}}$ article de la même
Pyromètrie, contiennent les comparaiſons entre les dégrés des deux thermo-
mètres de Réaumur, également diviſés en 80 parties, mais contenant l'un de

l'argent vif, et l'autre de l'efprit de vin. Comme le nombre ci-deffus $10°,67$ tombe entre les deux nombres $7,98$ et $16,23$ de la troifième colonne, on en tire par la plus fimple interpolation

$t = 13°,26$ pour le No. 8. Donc on a

10) $n' = 0,000264 \times \frac{28}{29,625} \times \frac{1440000}{1351154} \times (1 + \frac{13,26}{200})(1 + \frac{13,26}{4330})$

$\quad = 0,0002844254.$

11) Les 183 fecondes de Laplace (Expofition du Syftème du Monde, Livre I, Chap. 14) répondent à $0,00028745$ parties du rayon.

12) Dans les Ephémérides de Berlin pour l'année 1804 (page 203) on a trouvé $n' = 0,0002780$, en y ayant introduit, à la manière de Hawksbee, une nouvelle raifon des denfités de l'air $131 : 137$, comme *Datum*; mais il eft évident, que les deux hauteurs du baromètre avec les deux températures, déterminant déja parfaitement l'unique raifon des denfités de l'air, excluent en même temps toute autre raifon de ces denfités.

13) Mettant la valeur de n' du No. 10 dans le No. 8, et la valeur de n du No. 8 avec celle de θ du No. 7 dans celle de c du No. 6, on a enfin

$$c = \frac{0,0002844254}{2\left(1 + \frac{t}{4330}\right)\left(1 + \frac{t}{200}\right)^2} \times \frac{b^{\text{pouces}}}{28^{\text{pouces}}} \times \frac{(u^{\text{pieds}})^2}{55326^{\text{pieds}}}, \text{ ou bien}$$

$$c^{\text{lignes duod.}} = \frac{2,28961 . b^{\text{pouces}}}{(4330 + t)(200 + t)^2} \times (u^{\text{pieds}})^2,$$

expreffion indépendante de la figure de la terre, par conféquent la mieux adaptée au calcul de la table la plus courte et la plus générale des valeurs de c; autrement fi l'on s'appéfantiffait fur l'idée inutile d'une *Quantième* de v dans le No. 6, cette table deviendrait très-prolixe et en même temps très-particulière, à caufe des différentes valeurs de $\frac{a - b}{a}$ pour différens pays.

14) Le quotient $\frac{c^{\text{pi}}}{u^{\text{pi}}}$ étant égal à l'angle de dépreffion, cet angle exprimé en fecondes eft évidemment

$$= \frac{0,0002844254}{2\left(1 + \frac{t}{4330}\right)\left(1 + \frac{t}{200}\right)^2} \times \frac{b^{\text{pouces}}}{28^{\text{pouces}}} \times \frac{u^{\text{pieds}}}{55326^{\text{pieds}}} \times 206264,806 \text{ fecondes}$$

$$= \frac{1386'',0786 . b^{\text{pouces}}}{(4330 + t)(200 + t)^2} \times u^{\text{pieds}},$$

de même indépendant de la figure de la terre, au moins pour l'approximation entièrement fuffifante.

§. VII.

Avant que de calculer une table des valeurs de v (§. V No. 5), il faut tirer auffi exactement qu'il eft poffible, des opérations faites par Delambre et Mechain, et la valeur de $\dfrac{a-b}{a}$ et celle de a (§. V No. 4).

1) Pour cela on trouve dans la *Mécanique* vraiment *célefte* (Tome II, page 141), fuivant l'ancienne divifion,

$$\text{la latitude de Montjoui, } \Phi = 41°21'44'',83$$
$$\text{d'Evaux, } \Phi' = 46°10'42'',50$$
$$\text{de Dunkerque, } \Phi'' = 51° 2'10'',50;$$
$$\text{l'arc compris entre Evaux et Montjoui, } A = 274348,06 \text{ toifes,}$$
$$\text{Evaux et Dunkerque, } A' = 277236,66$$

la toife étant celle dans la Mécanique celefte Tome II, page 145.

2) Si l'on fait pour plus de fimplicité

$$\beta = \Phi' - \Phi,$$
$$\gamma = 2\beta + 3(\sin2\Phi' - \sin2\Phi),$$
$$\delta = \beta + 2\gamma + \tfrac{15}{4}(\sin4\Phi' - \sin4\Phi);$$

de même
$$\beta' = \Phi'' - \Phi',$$
$$\gamma' = 2\beta' + 3(\sin2\Phi'' - \sin2\Phi'),$$
$$\delta' = \beta' + 2\gamma' + ^{15}(\sin4\Phi'' - \sin4\Phi'),$$

et
$$m = \tfrac{1}{4} \cdot \frac{a^2 - b^2}{a^2 + b^2};$$

on aura facilement par le mémoire d'Euler (parmi ceux de l'Acad. de Berlin, année 1755, page 269) ces deux équations

3)
$$\frac{A}{a} = \beta - m\gamma + m\,\delta,$$

$$\frac{A'}{a} = \beta' - m\gamma' + m^2\delta'.$$

4) Divifant la feconde par la première, et faifant $\lambda = \dfrac{A'\beta - A\beta'}{A'\gamma - A\gamma'}$, la réverfion connue donne

$$m = \lambda + \lambda^2 \times \frac{A'\delta - A\delta'}{A'\gamma - A\gamma'}.$$

5) Multipliant dans le No. 3, la première par δ', la feconde par δ, leur différence donne

$$a = \frac{A'\delta - A\delta'}{\beta'\delta - \beta\delta' - m(\gamma'\delta - \gamma\delta')}.$$

C

6) 'A caufe de l'importance de cette matière, les termes evalués auront ici leur place,

$$\beta = 0,0840554 \qquad \beta' = 0,0847842$$
$$\gamma = 0,1897243 \qquad \gamma' = 0,1057575$$
$$\delta = -0,7867764 \qquad \delta' = -0,9294528$$
$$\lambda = 0,001817497 \;;\quad \frac{A'\delta - A\delta'}{A'\gamma - A\gamma'} = 1,563351.$$

7) On a donc (No. 4) $m = 0,00182266$ et (No 5)
$$a = 3277480 \text{ toifes};$$

de plus, $\dfrac{a-b}{a} = 1 - \sqrt{\dfrac{1-4m}{1+4m}} = 4\,(m - 2m_2) = 0,00726407 = \dfrac{1}{137,66};$

$$\frac{a^2 - b^2}{a^2} = \frac{8m}{1+4m} = 8\,(m - 4m^2) = 0,0144750;$$

$$\frac{a^2 - b^2}{b^2} = \frac{8m}{1-4m} = 8\,(m + 4m^2) = 0,0146876.$$

8) Je remarque en piffant, que l'arc compris entre le Panthéon et Evaux, celui entre Evaux et Carcaffonne, et les latitudes refpectives m'ont donné itérativement l'Ellipticité $\dfrac{a-b}{a} = \dfrac{1}{97}$.

9) Au moyen des valeurs dans le No. 7, j'ai calculé préliminairement les valeurs de M dans l'équation du No. 5 de §. V, exprimée de cette manière,

$$v\text{lignes} = (u^{\text{pi}})^2 \times 72 \left[\frac{\sqrt{\left(1 - \dfrac{a^2 - b^2}{a^2}\sin\varphi^2\right)}}{a\text{pieds}} + \frac{a^2 - b^2}{b^2}\cos\varphi^2\cos\alpha^2 \cdot \frac{\sqrt{\left(1 - \dfrac{a^2 - b^2}{a^2}\sin\varphi^2\right)}}{a\text{pieds}} \right]$$
$$= (u^{\text{pi}})^2 \times M.$$

Latitude φ	Valeurs de M; α étant l'azimuth.			
	$\alpha = 0$	$\alpha = 30°$	$\alpha = 60°$	$\alpha = 90°$
41°	0,0000036804604	0,0000036728266	0,0000036575593	0,0000036499256
46°	36734630	36669999	36540737	36476106
51°	36665141	36612130	36506107	36453096

Cette petite table eft la bafe de la première des deux à la fin de ce mémoire.

10) La seconde table à la fin de ce mémoire, est calculée conformément au No. 13 de §. VI, et en faisant $N = \dfrac{2,2896100}{(4330 + t)(200 + t)^e}$, elle a pour base celle-ci,

Degrés de Réaum.	Valeurs de N.	Degrés de Réaum.	Valeurs de N.
— 10	0,000000001468151	+ 8	0,000000001219959
— 9	0,000000001452481	+ 9	0,000000001208034
— 8	1437058	+ 10	1196281
— 7	1421876	+ 11	1184695
— 6	1406930	+ 12	1173275
— 5	1392215	+ 13	1162017
— 4	1377726	+ 14	1150917
— 3	1363459	+ 15	1139973
— 2	1349410	+ 16	1129183
— 1	1335573	+ 17	1118542
0	1321946	+ 18	1108049
+ 1	1308522	+ 19	1097700
+ 2	1295300	+ 20	1087494
+ 3	1282274	+ 21	1077427
+ 4	1269440	+ 22	1067497
+ 5	1256795	+ 23	1057701
+ 6	1244336	+ 24	1048038
+ 7	1232059	+ 25	1038504

§. VIII.

Pour comparer immédiatement les résultats des tables à la fin de ce memoire, à ceux des tables vulgaires, je joins ici une partie de la table donnée par la *Nouvelle Architecture hydraulique*,

Distances en toises.	Valeurs de v, en lignes.	Valeurs de c, en lignes.
50	0,331	0,047
100	1,325	0,189
150	2,995	0,428
200	5,328	0,761
250	8,338	1,191
300	11,909	1,701
350	16,243	2,320
400	21,168	3,024
450	27,000	3,857
500	33,005	4,715
800	84,499	12,071
1000	132,005	18,858
4000	2112,00	301,72

C 2

Remarque générale.

Quoique pour la diſtance de 4000 toiſes, le *ſecond* membre des deux ſéries (§. V. No. 2, et §. VI No. 5) donne une correction tant ſoit petite; néanmoins je l'ai partout négligé, parceque l'exactitude du nivellement n'admettra jamais des diſtances qui ſurpaſſent celle de 500 toiſes, à cauſe des limites connues de la vue la plus perçante et la mieux ſoutenue.

Table I^{ière}, contenant la correction v lignes, dûe à l'Ellipsoïde à deux axes, osculateur de la France; Φ étant la latitude, α l'azimuth, et U la distance en toises.

Pour $\Phi = 41°$.

U toises.	v lignes.			
	$\alpha = 0$	$\alpha = 30°$	$\alpha = 60°$	$\alpha = 90°$
50	0,3312	0,3306	0,3292	0,3285
100	1,325	1,322	1,317	1,314
150	2,981	2,975	2,963	2,956
200	5,300	5,289	5,267	5,256
250	8,281	8,264	8,230	8,212
300	11,925	11,900	11,850	11,826
350	16,231	16,197	16,130	16,096
400	21,199	21,155	21,068	21,024
450	26,831	26,775	26,664	26,608
500	33,124	33,055	32,918	32,849
800	84,798	84,622	84,270	84,094
1000	132,497	132,222	131,672	131,397
4000	2119,95	2115,55	2106,75	2102,36

Pour $\Phi = 46°$.

U toises.	v lignes.			
	$\alpha = 0$	$\alpha = 30°$	$\alpha = 60°$	$\alpha = 90°$
50	0,3306	0,3300	0,3289	0,3283
100	1,322	1,320	1,315	1,313
150	2,976	2,970	2,960	2,955
200	5,290	5,280	5,262	5,253
250	8,265	8,251	8,222	8,207
300	11,902	11,881	11,839	11,818
350	16,200	16,171	16,114	16,086
400	21,159	21,122	21,047	21,010
450	26,780	26,732	26,638	26,591
500	33,061	33,003	32,887	32,828
800	84,637	84,488	84,190	84,041
1000	132,245	132,012	131,547	131,314
4000	2115,92	2112,19	2104,75	2101,02

Pour $\Phi = 51°$.

U toises	v lignes			
	$\alpha = 0$	$\alpha = 30°$	$\alpha = 60°$	$\alpha = 90$
50	0,3300	0,3295	0,3286	0,3281
100	1,320	1,318	1,314	1,312
150	2,970	2,966	2,957	2,953
200	5,280	5,272	5,257	5,249
250	8,250	8,238	8,214	8,202
300	11,880	11,862	11,828	11,811
350	16,169	16,146	16,099	16,076
400	21,119	21,089	21,028	20,997
450	26,729	26,690	26,613	26,574
500	32,999	32,951	32,855	32,808
800	84,477	84,354	84,110	83,988
1000	131,995	131,804	131,422	131,231
4000	2111,91	2108,86	2102,75	2099,70

Table II^{de}, contenant la correction c^{li}, dûe à la Réfraction.

Valeurs de c^{li}, à la hauteur du baromètre de 29 pouces.

Degrés de Réaum.	Distance 50 toises.	Distance 100 toises.	Distance 150 toises.	Distance 200 toises.	Distance 250 toises.	Distance 300 toises.	Distance 350 toises.
— 10	0,0383	0,1533	0,345	0,613	0,958	1,379	1,878
— 9	0,0379	0,1516	0,341	0,607	0,948	1,365	1,858
— 8	0,0375	0,1500	0,338	0,600	0,938	1,350	1,838
— 7	0,0371	0,1484	0,334	0,594	0,928	1,336	1,818
— 6	0,0367	0,1469	0,330	0,588	0,918	1,322	1,799
— 5	0,0363	0,1453	9,327	0,581	0,908	1,308	1,781
— 4	0,0360	0,1438	0,324	0,575	0,899	1,295	1,762
— 3	0,0356	0,1423	0,320	0,569	0,890	1,281	1,744
— 2	0,0352	0,1409	0,317	0,564	0,880	1,268	1,726
— 1	0,0349	0,1394	0,314	0,558	0,871	1,255	1,708
0	0,0345	0,1380	0,311	0,552	0,863	1,242	1,691
+ 1	0,0342	0,1366	0,307	0,546	0,853	1,229	1,673
+ 2	0,0338	0,1352	0,304	0,541	0,845	1,217	1,657
+ 3	0,0335	0,1339	0,301	0,535	0,837	1,205	1,640
+ 4	0,0331	0,1325	0,298	0,530	0,828	1,193	1,624
+ 5	0,0328	0,1312	0,295	0,525	0,820	1,181	1,607
+ 6	0,0325	0,1299	0,292	0,520	0,812	1,169	1,591
+ 7	0,0322	0,1286	0,289	0,515	0,804	1,158	1,576
+ 8	0,0318	0,1274	0,287	0,509	0,796	1,146	1,560
+ 9	0,0315	0,1261	0,284	0,504	0,788	1,135	1,545
+10	0,0312	0,1249	0,281	0,500	0,781	1,124	1,530
+ 11	0,0309	0,1237	0,278	0,495	0,773	1,113	1,515
+ 12	0,0306	0,1225	0,276	0,490	0,766	1,102	1,500
+ 13	0,0303	0,1213	0,273	0,485	0,758	1,092	1,486
+ 14	0,0300	0,1202	0,270	0,481	0,751	1,081	1,472
+ 15	0,0298	0,1190	0,268	0,476	0,744	1,071	1,458
+ 16	0,0295	0,1179	0,265	0,472	0,737	1,061	1,444
+ 17	0,0292	0,1168	0,263	0,467	0,730	1,051	1,431
+ 18	0,0289	0,1157	0,260	0,463	0,723	1,041	1,417
+ 19	0,0286	0,1146	0,258	0,458	0,716	1,031	1,404
+ 20	0,0284	0,1135	0,255	0,454	0,710	1,022	1,391
+ 21	0,0281	0,1125	0,253	0,450	0,703	1,012	1,378
+ 22	0,0279	0,1114	0,251	0,446	0,697	1,003	1,365
+ 23	0,0276	0,1104	0,248	0,442	0,690	0,994	1,353
+ 24	0,0274	0,1094	0,246	0,438	0,684	0,985	1,340
+ 25	0,0271	0,1084	0,244	0,434	0,678	0,976	1,328

Valeurs de cli., à la hauteur du baromètre de 29 pouces.

Degrés de Réaum.	Distance 400 toises.	Distance 450 toises.	Distance 500 toises.	Distance 800 toises.	Distance 1000 toises.	Distance 4000 toises.
— 10	2,452	3,104	3,832	9,810	15,327	245,24
— 9	2,426	3,071	3,791	9,705	15,164	243,62
— 8	2,400	3,038	3,751	9,602	15,003	240,05
— 7	2,375	3,006	3,711	9,500	14,844	237,51
— 6	2,350	2,974	3,672	9,401	14,688	235,01
— 5	2,326	2,943	3,634	9,302	14,535	232,56
— 4	2,301	2,913	3,596	9,205	14,383	230,14
— 3	2,278	2,882	3,559	9,110	14,235	227,75
— 2	2,254	2,853	3,522	9,016	14,088	225,41
— 1	2,231	2,824	3,486	8,924	13,943	223,09
0	2,208	2,795	3,450	8,833	13,801	220,82
+ 1	2,186	2,766	3,415	8,743	13,661	218,58
+ 2	2,164	2,738	3,381	8,655	13,523	216,37
+ 3	2,142	2,711	3,347	8,568	13,387	214,19
+ 4	2,120	2,684	3,313	8,482	13,253	212,05
+ 5	2,099	2,657	3,280	8,397	13,121	209,94
+ 6	2,079	2,631	3,248	8,314	12,991	207,85
+ 7	2,058	2,605	3,216	8,232	12,863	205,80
+ 8	2,038	2,579	3,184	8,151	12,736	203,78
+ 9	2,018	2,554	3,153	8,072	12,612	201,79
+ 10	1,998	2,529	3,122	7,993	12,489	199,83
+ 11	1,979	2,505	3,092	7,916	12,368	197,89
+ 12	1,960	2,480	3,062	7,839	12,249	195,98
+ 13	1,941	2,457	3,033	7,764	12,131	194,10
+ 14	1,922	2,433	3,004	7,690	12,016	192,25
+ 15	1,904	2,410	2,975	7,617	11,901	190,42
+ 16	1,886	2,387	2,947	7,545	11,789	188,62
+ 17	1,868	2,365	2,919	7,474	11,678	186,84
+ 18	1,851	2,343	2,892	7,404	11,568	185,09
+ 19	1,834	2,321	2,865	7,334	11,460	183,36
+ 20	1,817	2,299	2,838	7,266	11,353	181,65
+ 21	1,800	2,278	2,812	7,199	11,248	179,97
+ 22	1,783	2,257	2,786	7,133	11,145	178,31
+ 23	1,767	2,236	2,761	7,067	11,042	176,68
+ 24	1,751	2,216	2,735	7,003	10,942	175,06
+ 25	1,735	2,195	2,710	6,939	10,842	173,47

Valeurs de c_i., à la hauteur du baromètre de 28 pouces.

Degrés de Réaum.	Distance 50 toises.	Distance 100 toises.	Distance 150 toises.	Distance 200 toises.	Distance 250 toises.	Distance 300 toises.	Distance 350 toises.
— 10	0,0370	0,1480	0,333	0,592	0,925	1,332	1,813
— 9	0,0366	0,1464	0,329	0,586	0,915	1,318	1,794
— 8	0,0362	0,1449	0,326	0,579	0,905	1,304	1,775
— 7	0,0358	0,1433	0,322	0,573	0,896	1,290	1,756
— 6	0,0355	0,1418	0,319	0,567	0,886	1,276	1,737
— 5	0,0351	0,1403	0,316	0,561	0,877	1,263	1,719
— 4	0,0347	0,1389	0,312	0,556	0,868	1,250	1,701
— 3	0,0344	0,1374	0,309	0,550	0,859	1,237	1,684
— 2	0,0340	0,1360	0,306	0,554	0,850	1,224	1,666
— 1	0,0337	0,1346	0,303	0,539	0,841	1,212	1,649
0	0,0333	0,1333	0,300	0,533	0,833	1,199	1,632
+ 1	0,0330	0,1319	0,297	0,528	0,824	1,187	1,616
+ 2	0,0326	0,1306	0,294	0,523	0,816	1,175	1,599
+ 3	0,0323	0,1293	0,291	0,517	0,808	1,163	1,583
+ 4	0,0320	0,1280	0,288	0,512	0,800	1,152	1,568
+ 5	0,0317	0,1267	0,285	0,507	0,792	1,140	1,552
+ 6	0,0314	0,1254	0,282	0,502	0,784	1,129	1,537
+ 7	0,0310	0,1242	0,279	0,497	0,776	1,118	1,521
+ 8	0,0307	0,1230	0,277	0,492	0,769	1,107	1,506
+ 9	0,0304	0,1218	0,274	0,487	0,761	1,096	1,492
+ 10	0,0301	0,1205	0,271	0,482	0,754	1,085	1,477
+ 11	0,0299	0,1194	0,268	0,478	0,746	1,075	1,463
+ 12	0,0296	0,1183	0,266	0,473	0,739	1,064	1,449
+ 13	0,0293	0,1172	0,264	0,469	0,732	1,054	1,435
+ 14	0,0290	0,1160	0,261	0,464	0,725	1,044	1,421
+ 15	0,0287	0,1149	0,259	0,460	0,718	1,034	1,408
+ 16	0,0285	0,1138	0,256	0,455	0,712	1,024	1,394
+ 17	0,0282	0,1127	0,254	0,451	0,705	1,015	1,381
+ 18	0,0279	0,1117	0,251	0,447	0,698	1,005	1,368
+ 19	0,0277	0,1106	0,249	0,443	0,692	0,996	1,355
+ 20	0,0274	0,1096	0,247	0,438	0,685	0,987	1,343
+ 21	0,0272	0,1086	0,244	0,434	0,679	0,977	1,330
+ 22	0,0269	0,1076	0,242	0,430	0,673	0,968	1,318
+ 23	0,0267	0,1066	0,240	0,426	0,666	0,960	1,306
+ 24	0,0264	0,1056	0,238	0,423	0,660	0,951	1,294
+ 25	0,0262	0,1047	0,236	0,419	0,654	0,942	1,282

Valeurs de c^{li}., à la hauteur du baromètre de 28 pouces.

Degrés de Réaum.	Distance 400 toises.	Distance 450 toises.	Distance 5co toises.	Distance 800 toises.	Distance 1000 toises.	Distance 4000 toises.
— 10	2,368	2,997	3,700	9,471	14,799	236,78
— 9	2,343	2,965	3,660	9,370	14,641	234,26
— 8	2,318	2,933	3,621	9,271	14,486	231,77
— 7	2,293	2,902	3,583	9,173	14,332	229,32
— 6	2,269	2,872	3,545	9,076	14,182	226,91
— 5	2,245	2,842	3,508	8,981	14,034	224,54
— 4	2,222	2,812	3,472	8,888	13,887	222,20
— 3	2,199	2,783	3,436	8,796	13,744	219,90
— 2	2,176	2,754	3,400	8,705	13,602	217,63
— 1	2,154	2,726	3,366	8,616	13,463	215,40
0	2,132	2,698	3,331	8,528	13,325	213,20
+ 1	2,110	2,671	3,297	8,442	13,150	211,04
+ 2	2,089	2,644	3,264	8,356	13,056	208,91
+ 3	2,068	2,617	3,231	8,272	12,925	206,81
+ 4	2,047	2,591	3,199	8,189	12,796	204,73
+ 5	2,027	2,565	3,167	8,108	12,668	202,70
+ 6	2,007	2,540	3,136	8,027	12,543	200,69
+ 7	1,987	2,515	3,105	7,948	12,417	198,71
+ 8	1,968	2,490	3,074	7,870	12,297	196,76
+ 9	1,948	2,466	3,044	7,793	12,177	194,83
+10	1,929	2,442	3,015	7,717	12,059	192,94
+11	1,911	2,418	2,985	7,643	11,942	191,07
+12	1,892	2,395	2,957	7,569	11,827	189,23
+13	1,874	2,372	2,928	7,496	11,713	187,41
+14	1,856	2,349	2,900	7,425	11,601	185,62
+15	1,839	2,327	2,873	7,354	11,491	183,85
+16	1,821	2,305	2,846	7,285	11,382	182,11
+17	1,804	2,283	2,819	7,216	11,275	180,40
+18	1,787	2,262	2,792	7,148	11,169	178,71
+19	1,770	2,241	2,766	7,081	11,065	177,04
+20	1,754	2,220	2,741	7,016	10,964	175,39
+21	1,738	2,199	2,715	6,951	10,860	173,77
+22	1,722	2,179	2,690	6,887	10,760	172,17
+23	1,706	2,159	2,665	6,823	10,662	170,59
+24	1,690	2,139	2,641	6,761	10,564	169,03
+25	1,675	2,119	2,617	6,700	10,468	167,49

D

Valeurs de cli., à la hauteur du baromètre de 27 pouces.

Degrés de Réaum.	Distance 50 toises.	Distance 100 toises.	Distance 150 toises.	Distance 200 toises.	Distance 250 toises.	Distance 300 toises.	Distance 350 toises.
− 10	0,0357	0,1427	0,321	0,571	0,892	1,285	1,748
− 9	0,0353	0,1412	0,318	0,565	0,882	1,271	1,729
− 8	0,0349	0,1397	0,314	0,559	0,873	1,257	1,711
− 7	0,0346	0,1382	0,311	0,553	0,864	1,244	1,693
− 6	0,0342	0,1368	0,308	0,547	0,855	1,231	1,675
− 5	0,0338	0,1353	0,304	0,541	0,846	1,218	1,658
− 4	0,0335	0,1339	0,301	0,536	0,837	1,205	1,640
− 3	0,0331	0,1325	0,298	0,530	0,828	1,193	1,623
− 2	0,0328	0,1312	0,295	0,525	0,820	1,180	1,607
− 1	0,0325	0,1298	0,292	0,519	0,811	1,168	1,590
0	0,0321	0,1285	0,289	0,514	0,803	1,156	1,574
+ 1	0,0318	0,1272	0,286	0,509	0,795	1,145	1,558
+ 2	0,0315	0,1259	0,283	0,504	0,787	1,133	1,542
+ 3	0,0312	0,1246	0,280	0,499	0,779	1,122	1,527
+ 4	0,0308	0,1234	0,278	0,494	0,771	1,110	1,511
+ 5	0,0305	0,1222	0,275	0,489	0,764	1,099	1,496
+ 6	0,0302	0,1209	0,272	0,484	0,756	1,089	1,482
+ 7	0,0299	0,1198	0,269	0,479	0,748	1,078	1,467
+ 8	0,0296	0,1186	0,267	0,474	0,741	1,067	1,453
+ 9	0,0294	0,1174	0,264	0,470	0,734	1,057	1,438
+ 10	0,0291	0,1163	0,262	0,465	0,727	1,047	1,424
+ 11	0,0288	0,1151	0,259	0,461	0,720	1,036	1,411
+ 12	0,0285	0,1140	0,257	0,456	0,713	1,026	1,397
+ 13	0,0282	0,1129	0,254	0,452	0,706	1,017	1,384
+ 14	0,0279	0,1119	0,252	0,447	0,699	1,007	1,370
+ 15	0,0277	0,1108	0,249	0,443	0,693	0,997	1,357
+ 16	0,0274	0,1098	0,247	0,439	0,686	0,988	1,345
+ 17	0,0272	0,1087	0,245	0,435	0,680	0,979	1,332
+ 18	0,0269	0,1077	0,242	0,431	0,673	0,969	1,319
+ 19	0,0267	0,1067	0,240	0,427	0,667	0,960	1,307
+ 20	0,0264	0,1057	0,238	0,423	0,661	0,951	1,294
+ 21	0,0262	0,1047	0,236	0,419	0,655	0,943	1,283
+ 22	0,0259	0,1038	0,233	0,415	0,642	0,934	1,271
+ 23	0,0257	0,1028	0,231	0,411	0,642	0,925	1,259
+ 24	0,0255	0,1019	0,229	0,407	0,637	0,917	1,248
+ 25	0,0252	0,1009	0,227	0,404	0,631	0,908	1,237

Valeurs-de cli., à la hauteur du baromètre de 27 pouces.

Degrés de Réaum.	Distance 400 toises.	Distance 450 toises.	Distance 500 toises.	Distance 800 toises.	Distance 1000 toises.	Distance 4000 toises.
— 10	2,283	2,892	3,568	9,133	14,270	228,33
— 9	2,259	2,859	3,530	9,036	14,118	225,89
— 8	2,235	2,829	3,492	8,940	13,968	223 49
— 7	2,211	2,799	3,455	8,845	13,821	221,13
— 6	2,188	2,769	3,419	8,752	13,675	218,81
— 5	2,165	2,740	3,383	8,661	13,532	216,52
— 4	2,143	2,712	3,348	8,570	13,391	214,26
— 3	2,120	2,684	3,313	8,482	13,253	212,04
— 2	2,099	2,656	3,279	8,393	13,116	209,86
— 1	2,077	2,629	3,245	8,308	12,982	207,74
0	2,056	2,602	3,212	8,224	12,849	205,59
+ 1	2,035	2,576	3,180	8,140	12,719	203,50
+ 2	2,014	2,550	3,148	8,058	12,590	201,45
+ 3	1,994	2,524	3,116	7,977	12,464	199,42
+ 4	1,974	2,498	3,085	7,897	12,339	197,42
+ 5	1,955	2,474	3,054	7,818	12,216	195,46
+ 6	1,935	2,449	3,024	7,741	12,095	193,52
+ 7	1,916	2,425	2,994	7,664	11,976	191,61
+ 8	1,897	2,401	2,965	7,589	11,858	189,73
+ 9	1,879	2,378	2,936	7,515	11,742	187,87
+ 10	1,860	2,355	2,907	7,442	11,628	186,05
+ 11	1,842	2,332	2,879	7,370	11,515	184,24
+ 12	1,825	2,309	2,851	7,299	11,404	182,47
+ 13	1,807	2,287	2,824	7,229	11,295	180,72
+ 14	1,790	2,265	2,797	7,160	11,187	178,99
+ 15	1,773	2,244	2,770	7,092	11,081	177,29
+ 16	1,756	2,223	2,744	7,024	10,976	175,61
+ 17	1,740	2,202	2,718	6,958	10,872	173,96
+ 18	1,723	2,181	2,693	6,893	10,770	172,32
+ 19	1,707	2,161	2,667	6,829	10,670	170,71
+ 20	1,691	2,141	2,643	6,765	10,570	169,13
+ 21	1,676	2,121	2,618	6,702	10,473	167,56
+ 22	1,660	2,101	2,594	6,641	10,376	166,02
+ 23	1,645	2,082	2,570	6,580	10,281	164,49
+ 24	1,630	2,063	2,547	6,520	10,187	162,99
+ 25	1,615	2,044	2,524	6,460	10,094	161,51

Valeurs de *c_i*, à la hauteur du baromètre de 26 pouces.

Degrés de Réaum.	Distance 50 toises.	Distance 100 toises.	Distance 150 toises.	Distance 200 toises.	Distance 250 toises.	Distance 300 toises.	Distance 350 toises.
— 10	0,0344	0,1374	0,309	0,550	0,859	1,237	1,683
— 9	0,0340	0,1360	0,306	0,544	0,850	1,224	1,665
— 8	0,0336	0,1345	0,303	0,538	0,841	1,211	1,648
— 7	0,0333	0,1331	0,299	0,532	0,832	1,198	1,630
— 6	0,0329	0,1317	0,296	0,527	0,823	1,185	1,613
— 5	0,0326	0,1303	0,293	0,521	0,814	1,173	1,596
— 4	0,0322	0,1290	0,290	0,516	0,806	1,161	1,580
— 3	0,0319	0,1276	0,287	0,510	0,798	1,149	1,563
— 2	0,0316	0,1263	0,284	0,505	0,789	1,136	1,547
— 1	0,0313	0,1250	0,281	0,500	0,781	1,125	1,531
0	0,0309	0,1237	0,278	0,495	0,773	1,114	1,516
+ 1	0,0306	0,1225	0,276	0,490	0,765	1,103	1,500
+ 2	0,0303	0,1212	0,273	0,485	0,758	1,091	1,485
+ 3	0,0300	0,1200	0,270	0,480	0,750	1,080	1,470
+ 4	0,0297	0,1188	0,267	0,475	0,743	1,069	1,456
+ 5	0,0294	0,1176	0,265	0,471	0,735	1,059	1,441
+ 6	0,0291	0,1165	0,262	0,466	0,728	1,048	1,427
+ 7	0,0288	0,1153	0,259	0,461	0,721	1,038	1,413
+ 8	0,0285	0,1142	0,257	0,457	0,714	1,028	1,399
+ 9	0,0283	0,1131	0,254	0,452	0,707	1,018	1,385
+10	0,0280	0,1120	0,252	0,448	0,700	1,008	1,372
+11	0,0277	0,1109	0,249	0,444	0,693	0,998	1,358
+12	0,0275	0,1098	0,247	0,439	0,686	0,988	1,345
+13	0,0272	0,1088	0,245	0,435	0,680	0,979	1,332
+14	0,0269	0,1077	0,242	0,431	0,673	0,970	1,320
+15	0,0267	0,1067	0,240	0,427	0,667	0,960	1,307
+16	0,0264	0,1057	0,238	0,423	0,661	0,951	1,295
+17	0,0262	0,1047	0,236	0,419	0,654	0,942	1,283
+18	0,0259	0,1037	0,233	0,415	0,648	0,933	1,270
+19	0,0257	0,1027	0,231	0,411	0,642	0,925	1,259
+20	0,0254	0,1018	0,229	0,407	0,636	0,916	1,247
+21	0,0252	0,1008	0,227	0,403	0,630	0,908	1,235
+22	0,0250	0,0999	0,225	0,400	0,624	0,899	1,224
+23	0,0248	0,0990	0,223	0,396	0,619	0,891	1,213
+24	0,0245	0,0981	0,221	0,392	0,613	0,883	1,202
+25	0,0243	0,0972	0,219	0,389	0,608	0,875	1,191

Valeurs de c_i., à la hauteur du baromètre de 26 pouces.

Degrés de Réaum.	Distance 400 toises.	Distance 450 toises.	Distance 500 toises.	Distance 800 toises.	Distance 1000 toises.	Distance 4000 toises.
— 10	2,199	2,783	3,435	8,795	13,742	219,87
— 9	2,175	2,753	3,399	8,701	13,595	217,52
— 8	2,152	2,724	3,363	8,609	13,451	215,21
— 7	2,129	2,695	3,327	8,518	13,309	212,94
— 6	2,107	2,667	3,292	8,428	13,169	210,70
— 5	2,085	2,639	3,258	8,340	13,031	208,50
— 4	2,063	2,611	3,224	8,253	12,896	206,33
— 3	2,042	2,584	3,190	8,168	12,762	204,19
— 2	2,021	2,558	3,158	8,084	12,630	202,09
— 1	2,000	2,531	3,125	8,001	12,501	200,02
0	1,980	2,506	3,093	7,919	12,373	197,97
+ 1	1,960	2,480	3,062	7,839	12,248	195,96
+ 2	1,940	2,455	3,031	7,759	12,124	193,98
+ 3	1,920	2,430	3,001	7,681	12,002	192,03
+ 4	1,901	2,406	2,971	7,604	11,882	190,11
+ 5	1,882	2,382	2,941	7,529	11,764	188,22
+ 6	1,864	2,359	2,912	7,454	11,647	186,35
+ 7	1,845	2,335	2,883	7,381	11,532	184,51
+ 8	1,827	2,312	2,855	7,308	11,419	182,70
+ 9	1,809	2,290	2,827	7,237	11,307	180,92
+ 10	1,792	2,267	2,799	7,166	11,197	179,16
+ 11	1,774	2,245	2,772	7,097	11,089	177,42
+ 12	1,757	2,224	2,745	7,028	10,982	175,71
+ 13	1,740	2,202	2,719	6,961	10,876	174,02
+ 14	1,724	2,181	2,693	6,894	10,773	172,36
+ 15	1,707	2,161	2,668	6,829	10,670	170,72
+ 16	1,691	2,140	2,642	6,764	10,569	169,11
+ 17	1,675	2,120	2,617	6,701	10,470	167,51
+ 18	1,659	2,100	2,593	6,638	10,371	165,94
+ 19	1,644	2,081	2,569	6,577	10,274	164,39
+ 20	1,629	2,061	2,545	6,515	10,179	162,86
+ 21	1,614	2,042	2,521	6,454	10,085	161,36
+ 22	1,599	2,023	2,498	6,395	9,992	159,87
+ 23	1,584	2,005	2,475	6,336	9,500	158,40
+ 24	1,570	1,986	2,452	6,278	9,810	156,95
+ 25	1,555	1,968	2,430	6,221	9,720	155,53

Valeurs de di., à la hauteur du baromètre de 24 pouces.

Degrés de Réaum.	Distance 50 toises.	Distance 100 toises.	Distance 150 toises.	Distance 200 toises.	Distance 250 toises.	Distance 300 toises.	Distance 350 toises.
− 10	0,0317	0,1268	0,285	0,507	0,793	1,142	1,554
− 9	0,0314	0,1255	0,282	0,502	0,784	1,129	1,537
− 8	0,0310	0,1242	0,279	0,497	0,776	1,117	1,521
− 7	0,0307	0,1229	0,276	0,491	0,768	1,106	1,505
− 6	0,0304	0,1216	0,274	0,486	0,760	1,094	1,489
− 5	0,0301	0,1203	0,271	0,481	0,752	1,083	1,474
− 4	0,0298	0,1190	0,268	0,476	0,744	1,071	1,458
− 3	0,0295	0,1178	0,265	0,471	0,736	1,060	1,443
− 2	0,0291	0,1166	0,262	0,466	0,729	1,049	1,428
− 1	0,0288	0,1154	0,260	0,462	0,721	1,039	1,414
0	0,0286	0,1142	0,257	0,457	0,714	1,028	1,399
+ 1	0,0283	0,1131	0,254	0,452	0,707	1,018	1,385
+ 2	0,0280	0,1119	0,252	0,448	0,699	1,007	1,371
+ 3	0,0277	0,1108	0,249	0,443	0,692	0,997	1,357
+ 4	0,0274	0,1097	0,247	0,439	0,685	0,987	1,344
+ 5	0,0271	0,1086	0,244	0,434	0,679	0,977	1,330
+ 6	0,0269	0,1075	0,242	0,430	0,672	0,968	1,317
+ 7	0,0266	0,1064	0,240	0,426	0,665	0,958	1,304
+ 8	0,0264	0,1054	0,237	0,422	0,659	0,949	1,291
+ 9	0,0261	0,1044	0,235	0,417	0,652	0,939	1,279
+ 10	0,0258	0,1034	0,233	0,413	0,646	0,930	1,266
+ 11	0,0256	0,1024	0,230	0,409	0,640	0,921	1,254
+ 12	0,0253	0,1014	0,228	0,405	0,634	0,912	1,242
+ 13	0,0251	0,1004	0,226	0,402	0,627	0,904	1,230
+ 14	0,0249	0,0994	0,224	0,398	0,621	0,895	1,218
+ 15	0,0246	0,0985	0,222	0,394	0,616	0,886	1,207
+ 16	0,0244	0,0976	0,220	0,390	0,610	0,878	1,195
+ 17	0,0242	0,0966	0,217	0,387	0,604	0,870	1,184
+ 18	0,0239	0,0957	0,215	0,383	0,598	0,862	1,173
+ 19	0,0237	0,0948	0,213	0,379	0,593	0,854	1,162
+ 20	0,0235	0,0940	0,211	0,376	0,587	0,846	1,151

Valeurs de c_i, à la hauteur du baromètre de 24 pouces.

Degrés de Réaum.	Distance 400 toises.	Distance 450 toises.	Distance 500 toises.	Distance 800 toises.	Distance 1000 toises.	Distance 4000 toises.
— 10	2,030	2,569	3,171	8,118	12,685	202,96
— 9	2,008	2,541	3,137	8,032	12,549	200,79
— 8	1,987	2,514	3,104	7,946	12,416	198,66
— 7	1,966	2,489	3,071	7,862	12,285	196,56
— 6	1,945	2,462	3,039	7,780	12,156	194,49
— 5	1,925	2,436	3,007	7,698	12,029	192,46
— 4	1,905	2,410	2,976	7,618	11,904	190,46
— 3	1,885	2,386	2,945	7,539	11,780	188,48
— 2	1,865	2,361	2,915	7,462	11,659	186,54
— 1	1,846	2,337	2,885	7,385	11,539	184,63
0	1,827	2,313	2,855	7,310	11,422	182,75
+ 1	1,809	2,289	2,826	7,236	11,306	180,89
+ 2	1,791	2,266	2,798	7,162	11,191	179,06
+ 3	1,773	2,243	2,770	7,090	11,079	177,26
+ 4	1,755	2,221	2,742	7,019	10,968	175,49
+ 5	1,737	2,199	2,715	6,950	10,859	173,74
+ 6	1,720	2,177	2,688	6,881	10,751	172,02
+ 7	1,703	2,156	2,661	6,813	10,645	170,32
+ 8	1,686	2,134	2,635	6,746	10,540	168,65
+ 9	1,670	2,114	2,609	6,680	10,437	167,00
+ 10	1,654	2,093	2,584	6,615	10,336	165,37
+ 11	1,638	2,073	2,559	6,551	10,236	163,77
+ 12	1,622	2,053	2,534	6,488	10,137	162,19
+ 13	1,606	2,033	2,510	6,425	10,040	160,64
+ 14	1,591	2,014	2,486	6,364	9,944	159,10
+ 15	1,576	1,994	2,462	6,304	9,849	157,59
+ 16	1,561	1,976	2,439	6,244	9,756	156,10
+ 17	1,546	1,957	2,416	6,185	9,664	154,63
+ 18	1,532	1,939	2,393	6,127	9,574	153,18
+ 19	1,517	1,921	2,371	6,070	9,484	151,75
+ 20	1,503	1,903	2,349	6,013	9,396	150,34

Valeurs de c^{i}, à la hauteur du baromètre de 18 pouces.

Degrés de Réaum.	Distance 50 toises.	Distance 100 toises.	Distance 150 toises.	Distance 200 toises.	Distance 250 toises.	Distance 300 toises.	Distance 350 toises.
— 4	0,0223	0,0893	0,201	0,357	0,558	0,803	1,094
— 3	0,0221	0,0884	0,199	0,353	0,552	0,795	1,082
— 2	0,0219	0,0874	0,197	0,350	0,547	0,787	1,071
— 1	0,0216	0,0865	0,195	0,346	0,541	0,779	1,060
0	0,0214	0,0857	0,193	0,343	0,535	0,771	1,049
+ 1	0,0212	0,0848	0,191	0,339	0,530	0,763	1,039
+ 2	0,0210	0,0839	0,189	0,336	0,525	0,755	1,028
+ 3	0,0208	0,0831	0,187	0,332	0,519	0,748	1,018
+ 4	0,0206	0,0823	0,185	0,329	0,514	0,740	1,008
+ 5	0,0204	0,0814	0,183	0,326	0,509	0,733	0,998
+ 6	0,0202	0,0806	0,181	0,323	0,504	0,726	0,988
+ 7	0,0200	0,0798	0,180	0,319	0,499	0,719	0,978
+ 8	0,0198	0,0791	0,178	0,316	0,494	0,711	0,968

Degrés de Réaum.	Distance 400 toises.	Distance 450 toises.	Distance 500 toises.	Distance 800 toises.	Distance 1000 toises.	Distance 4000 toises.
— 4	1,428	1,808	2,232	5,714	8,928	142,84
— 3	1,414	1,789	2,209	5,655	8,835	141,36
— 2	1,399	1,771	2,186	5,596	8,744	139,91
— 1	1,385	1,753	2,164	5,539	8,655	138,47
0	1,371	1,735	2,142	5,482	8,566	137,06
+ 1	1,357	1,717	2,120	5,427	8,479	135,67
+ 2	1,343	1,700	2,098	5,372	8,394	134,30
+ 3	1,329	1,683	2,077	5,318	8,309	133,95
+ 4	1,316	1,666	2,056	5,265	8,226	131,62
+ 5	1,303	1,649	2,036	5,212	8,144	130,30
+ 6	1,290	1,633	2,016	5,161	8,063	129,01
+ 7	1,277	1,617	1,996	5,110	7,984	127,74
+ 8	1,265	1,601	1,976	5,059	7,905	126,48

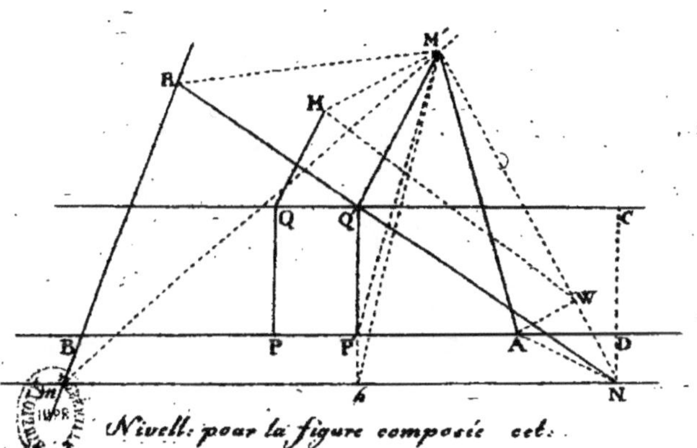

Nivell: pour la figure composée cet: